Für

Von

No. 56

Schöner lesen!

MIX
Papier | Fördert gute Waldnutzung
FSC® C144853

ISBN 978-3-649-65146-8

Hafenweg 30, 48155 Münster, Germany
Illustrationen: Sara Vidal Peiró
Design: Grafikteam Coppenrath
Grafische Gestaltung: Daniela Lengers Grafik-Design, Laer
Redaktion: Kreativlektorat Daniela Vogel, Finnentrop

Designed in Germany, Printed in P.R.C.

www.coppenrath.de

WIE EIN SPAZIERGANG IM WALD

Gedichte & Gedanken

COPPENRATH

Den Puls

des eigenen Herzens fühlen.
Ruhe im Innern, Ruhe im Äußern.
Wieder Atem holen lernen, das ist es.

CHRISTIAN MORGENSTERN

Lass deinen Geist *still* werden
wie einen Teich im Wald.
Er soll klar werden wie Wasser,
das von den Bergen fließt.
Lass trübes Wasser zur Ruhe kommen,
dann wird es wieder klar,
und lass deine schweifenden Gedanken
und Wünsche zur Ruhe kommen.

SIDDHARTA GAUTAMA

Nur die Ruhe
ist die Quelle jeder großen Kraft.

FJODOR M. DOSTOJEWSKI

DAS HERZ MUSS
IN HARMONIE
UND RUHE SEIN,
DANN ERST
WIRD ES HEITER.

LÜ BU WE

Ruhe ist *Glück* –
wenn sie ein Ausruhen ist,
wenn wir sie gewählt,
wenn wir sie gefunden,
nachdem wir sie gesucht;
aber Ruhe ist kein Glück, wenn sie
unsere einzige Beschäftigung ist.

LUDWIG BÖRNE

Stille

Während ich mich
an einem schwülen Tag
auf den trägen Wassern des Sees
treiben lasse,
höre ich fast auf zu leben
und fange an zu sein.

HENRY DAVID THOREAU

An einem schönen Tag
im Schatten zu sitzen
und ins Grüne zu schauen
ist die perfekte Erfrischung.

JANE AUSTEN

ÜBER DAS GLÜCK

Ein Arbeiter kam zum Meister und wollte wissen, was das Geheimnis eines erfolgreichen Lebens sei.
Da sagte der Meister: „Mach jeden Tag einen Menschen glücklich!“ Und nach einer Weile fügte er hinzu: „... selbst wenn dieser Mensch du selber bist.“ Und noch ein wenig später sagte er: „Vor allem, wenn dieser Mensch du selber bist!“

WEISHEITSGESCHICHTE

KLARER TAG

Der Himmel leuchtet aus dem Meer;
ich geh und leuchte still wie er.

Und viele Menschen gehn wie ich,
sie leuchten alle still für sich.

Zuweilen scheint nur Licht zu gehn
und durch die Stille hinzuwehn.

Ein Lüftchen haucht den Strand entlang:
o wundervoller Müßiggang.

RICHARD DEHMEL

Was nützen dir
Liebe, Glück, Bildung, Reichtum,
wenn du dir nicht die Zeit nimmst,
sie in Muße zu

genießen?

EMILIE VON GLEICHEN-RUSSWURM

Was du genießt von Tag zu Tag,
das ist dein Reichtum.

AUS INDIEN

Muße

NUR EINE STUNDE IM GRÜNEN WALD

Nur eine Stunde von Menschen fern,
nur eine einzige Stunde!
Statt der tönenden Worte des Waldes Schweigen,
statt des wirbelnden Tanzes der Elfen Reigen,
statt der leuchtenden Kerzen den Abendstern,
nur eine Stunde von Menschen fern!

Nur eine Stunde im grünen Wald,
nur eine einzige Stunde!
Auf dem schwellenden Rasen umhaucht von Düften,
gekühlt von den reinen balsamischen Lüften,
wo von ferne leise das Echo schallt,
nur eine Stunde im grünen Wald!

Nur eine Stunde im grünen Wald,
nur eine einzige Stunde!
Wo die Halme und Blumen sich flüsternd neigen,
wo die Vögel sich wiegen auf schwankenden Zweigen,
wo die Quelle rauscht aus dem Felsenspalt,
nur eine Stunde im grünen Wald!

AUGUSTE KURS

Nimm dir jeden Tag die Zeit,
still zu sitzen und auf die Dinge zu lauschen.
Achte auf die

Melodie des Lebens,

welche in dir schwingt.

SIDDHARTHA GAUTAMA

Alle Welten und alle Wünsche
erlangt der, der sich selbst
findet und erkennt.

AUS DEN UPANISHADEN

*Die Welt gehört dem,
der sie genießt.*

GIACOMO LEOPARDI

SOMMERFRISCHE

Zupf dir ein Wölkchen aus dem Wolkenweiß,
das durch den sonnigen Himmel schreitet.
Und schmücke den Hut, der dich begleitet,
mit einem grünen Reis.

Verstecke dich faul in der Fülle der Gräser.
Weil's wohltut, weil's frommt.
Und bist du ein Mundharmonikabläser
und hast eine bei dir, dann spiel, was dir kommt.

Und lass deine Melodien lenken
von dem freigegebenen Wolkengezupf.
Vergiss dich. Es soll dein Denken
nicht weiter reichen als ein Grashüferhupf.

JOACHIM RINGELNATZ

Ich wünsche jedem
ein trautes Plätzchen,
wo er dann und wann
die ganze Welt vergessen kann.

JULIUS FREUND

Ein Blatt aus sommerlichen Tagen,
ich nahm es so beim Wandern mit,
auf dass es einst mir könne sagen,
wie laut die Nachtigall geschlagen,
wie grün der Wald, den ich durchschritt.

THEODOR STORM

WAS HELFEN
ALLE SCHÄTZE DER NATUR,
WENN MAN SIE
NICHT GENIESST?

THEODOR GOTTLIEB VON HIPPEL D. Ä.

„Das Glück ist ein *Schmetterling*“, sagte einmal ein weiser Mann. „Jag ihm nach und er entwischt dir. Setz dich hin und er lässt sich auf deiner Schulter nieder.“
„Was soll ich also tun, um das Glück zu erlangen?“, fragte einer seiner Schüler.
„Hör auf, hinter ihm herzurennen!“
„Aber gibt es denn nichts, was ich tun kann?“
„O doch. Du könntest versuchen, dich ganz ruhig hinzusetzen und zu warten. Denn wenn du es wagst, freudig auf das Glück zu warten, wird es sich leise nähern und dich wonniglich küssen.“

WEISHEITSGESCHICHTE

Halte ein,
wenn es Zeit ist,
innezuhalten.

BUDDHISTISCHE WEISHEIT

Gönne dir
einen Augenblick der Ruhe
und du begreifst,
wie närrisch du herumgehastet bist.
Lerne zu schweigen
und du merkst,
dass du viel zu viel geredet hast.

AUS CHINA

Ausruhen
ist keine Faulheit,
und ab und zu an einem Sommertag
im Gras unter den Bäumen zu liegen,
das Murmeln von Wasser zu hören
oder die Wolken anzuschauen,
die am Himmel entlangziehen,
ist in keinem Fall
eine Zeitverschwendung.

JOHN LUBBOCK

Zeit

LOB DER FAULHEIT

Faulheit, itzo will ich dir
auch ein kleines Loblied bringen.
O – – wie – – sau – – er – – wird es mir, – –
dich – – nach Würden – – zu besingen!
Doch, ich will mein Bestes tun,
nach der Arbeit ist gut ruhn.
Höchstes Gut! Wer dich nur hat,
dessen ungestörtes Leben – –
Ach! – – ich – – gähn – – ich – – werde matt – –
nun – – so – – magst du – – mir's vergeben,
dass ich dich nicht singen kann;
du verhinderst mich ja dran.

GOTTHOLD EPHRAIM LESSING

Selig sind die Stunden des Nichtstuns,
denn in ihnen arbeitet unsere Seele.

EGON FRIEDELL

Ein schön verbrachter Sonntag
bringt eine Woche
voll Zufriedenheit mit sich.

SPRICHWORT

Nichtstun erquickt.

MARCUS TULLIUS CICERO

Es ist so schön, mal nichts zu tun
und nach dem Nichtstun auszuruhn.

SPRICHWORT

Wie schön, hier zu verträumen
die Nacht im stillen Wald,
wenn in den dunklen Bäumen
das alte Märchen hallt.
Die Berg' im Mondesschimmer
wie in Gedanken stehn,
und durch verworrne Trümmer
die Quellen klagend gehn.

Die Stern gehn auf und nieder –
wann kommst du, Morgenwind,
und hebst die Schatten wieder
von dem verträumten Kind?
Schon rührt sich's in den Bäumen,
die Lerche weckt sie bald –
so will ich treu verträumen
die Nacht im stillen Wald.

JOSEPH VON EICHENDORFF

Einen Tag
ungestört in Muße
zu verleben heißt,
einen Tag lang unsterblich zu sein.

AUS CHINA

Das sind die Stunden, da ich mich finde.
Dunkel wellen die Wiesen im Winde,
allen Birken schimmert die Rinde,
und der Abend kommt über sie.

Und ich wachse in seinem Schweigen,
möchte blühen mit vielen Zweigen,
nur um mit allen mich einzureigen
in die einige Harmonie ...

RAINER MARIA RILKE

ERWIRB DIE KRAFT,

DIR ZEIT ZU NEHMEN –

UND DIE ZÜGEL DES LEBENS

LIEGEN IN DEINER HAND.

FRIEDRICH KAYSSLER

Wenn du das Tiefste in dir ergreifen willst,
musst du eine Pause machen können.

AUS FRANKREICH

Manchmal ist das Wichtigste am ganzen Tag
die Pause,
die wir zwischen zwei tiefen Atemzügen machen.

ETTY HILLESUM

Das richtige Wort zur richtigen Zeit
mag effektiv sein,
aber kein Wort war jemals so effektiv
wie eine Pause zur rechten Zeit.

MARK TWAIN

Willst du glücklich sein,
dann verzichte
auf unnütze Geschäftigkeit.
Halte inne,
beruhige deinen Geist
und lausche deinem Leben.

AUS CHINA

Ruhe zieht das Leben an,
Unruhe verscheucht es.

GOTTFRIED KELLER

Entspannen
soll man sich immer dann,
wenn man keine Zeit hat.

SPRICHWORT

Ruhe und Einsamkeit
sind die besten Freunde der Seele.

HENRY WADSWORTH LONGFELLOW

MUTTER NATURS LÄCHELN

„... Dann wird der Mensch am Herzen der Natur sich wohl fühlen, dort neue Kraft schöpfen, von ihr allein die Gesetze entlehnen, – von ihr, die ihn liebend wieder aufnimmt, wie er aus ihr hervorgegangen ist.“

In dem reizenden Salon ihrer Villa lag Daniella in einem Schaukelsessel, behaglich sich wiegend, und lauschte eben dieser Auseinandersetzung, die einer der eifrigsten Jünger dieser Richtung ihr in feuriger Rede vortrug. Mutter Natur sah dabei mit ihrem lieblichsten Lächeln in das Gemach und sandte durch die weit geöffneten Glastüren – zum Danke wohl für den Weihrauch, den man ihr spendete – den Tribut ihrer Düfte herein.

Wie ein bunter Teppich, überschüttet mit einer Fülle von Blüten, breitete sich der kleine Garten der Villa vor ihr aus. In der Mitte stand, von Rosenbüschen beschattet, ein Amor, der seinen Pfeil gerade auf das Gemach zu richten schien, indes hohe, ernste Bäume und blütenduftende Sträucher den Raum so geschickt umschlossen, dass man seine Grenzen kaum ahnte. Der kleine Amor, der lächelnd den Bogen spannte, hätte wohl im Zweifel sein können, welche der drei Gestalten, die eben in dem Raume weilten, er sich zum Ziele nehmen solle. Vielleicht hatte er sich schon den schlanken Jüngling ausersehen, der, leicht an den Kamin gelehnt, eben seine begeisterte Rede beendete; denn zwischen den zwei anmutigen Frauengestalten, die seine Zuhörerinnen waren, stand er unzweifelhaft in Gefahr.

FERDINANDE FREIIN VON BRACKEL

Nimm dir täglich Zeit,
still dazusitzen und zu lauschen.

SIDDHARTA GAUTAMA

Mach es wie die Schnecke,
genieße die
Langsamkeit.
Und schau,
was du alles wahrnimmst,
wenn du nur Zeit hast.

DANIELA KUHLMANN

Es gibt vielerlei Lärm,
aber es gibt nur eine Stille.

KURT TUCHOLSKY

Unsere größten Erlebnisse sind nicht unsere lautesten, sondern unsere stillsten Stunden.

JEAN PAUL

BRIEF AN CLARA *4. Oktober 1907*

Manchmal gehe ich an kleinen Läden vorbei, in der Rue de Seine etwa: Händler mit Altsachen oder kleine Buch-Antiquare oder Kupferstichverkäufer mit ganz, ganz vollen Schaufenstern: Nie tritt jemand ein bei ihnen, sie machen offenbar keine Geschäfte: aber man sieht hinein, und sie sitzen und lesen, unbesorgt (und sind doch nicht reich); sorgen sich nicht um morgen, ängstigen sich nicht um ein Gelingen, haben einen Hund, der vor ihnen sitzt, gut aufgelegt, oder eine Katze, die die Stille um sie noch größer macht, indem sie die Bücherreihen entlangstreicht, als wischte sie die Namen von den Rücken.

Ach, wenn das genügte: Ich wünschte manchmal, mir so ein volles Schaufenster zu kaufen und mich mit einem Hund darunterzusetzen für zwanzig Jahre. Am Abend wäre Licht in der Hinterstube, vorn alles ganz dunkel, und wir säßen zu dritt und äßen, hinten; ich habe bemerkt, von der Straße aus gesehen, nimmt sich das wie ein Abendmahl aus jedenfalls, so groß und feierlich durch den dunklen Raum.

RAINER MARIA RILKE

Die größte
Offenbarung
ist die Stille.

LAOTSE

Je stiller du bist,
desto mehr kannst du hören.

AUS CHINA

Ruhe

IN DER
VOLLKOMMENEN STILLE
HÖRT MAN
DIE GANZE WELT.

KURT TUCHOLSKY

Sechzig Sekunden der Träumerei
sind sechzig Sekunden lebendiger Ruhe
für Körper und Geist.

PRENTICE MULFORD

Tagträumen
ist nicht
verlorene Zeit,
sondern Auftanken der Seele.

AUS ENGLAND

Wir müssen von Zeit zu Zeit
eine Rast einlegen und warten,
bis unsere Seelen uns wieder
eingeholt haben.

WEISHEIT AMERIKANISCHER UREINWOHNER

Nimm dir Zeit,
um zu träumen,
es ist der Weg zu den Sternen.
Nimm dir Zeit,
um zu lieben,
es ist die wahre Lebensfreude.
Nimm dir Zeit,
um froh zu sein,
es ist die Musik in der Seele.

IRISCHER SEGENSWUNSCH

MITTAG

Am Waldessaume träumt die Föhre,
am Himmel weiße Wölkchen nur;
es ist so still, dass ich sie höre,
die tiefe Stille der Natur.

Rings Sonnenschein auf Wies' und Wegen,
die Wipfel stumm, kein Lüftchen wach,
und doch, es klingt, als ström' ein Regen
leis tönend auf das Blätterdach.

THEODOR FONTANE

Keine Insel ist von so vielen
Klippen und Untiefen umgeben
wie die des Glücks.
Nur Ruhe steuert hindurch.

OTTO VON LEIXNER

Ich habe *Ruhe* gesucht überall
und habe sie am Ende gefunden
in einem Winkel
bei einem kleinen Buche.

FRANZ VON SALES

Wunderliches Wort: die Zeit vertreiben!
Sie zu *halten* wäre das Problem.
Denn, wen ängstigt's nicht: Wo ist ein Bleiben,
wo ein endlich *Sein* in alledem? –

Sieh, der Tag verlangsamt sich, entgegen
jenem Raum, der ihn nach Abend nimmt:
Aufstehn wurde Stehn, und Stehn wird Legen,
und das willig Liegende verschwimmt –

Berge ruhn, von Sternen überprächtigt; –
aber auch in ihnen flimmert Zeit.
Ach, in meinem wilden Herzen nächtigt
obdachlos die Unvergänglichkeit.

RAINER MARIA RILKE

Nichtstun ist
die allerschwierigste
Beschäftigung
und zugleich diejenige,
die am meisten
Geist voraussetzt.

OSCAR WILDE

MEIN TÄGLICHER SPAZIERGANG

Nur ein paar Birken, Einsamkeit und Leere,
ein Sumpf, geheimnisvoll, ein Fleckchen Heide,
der Kiebitz gibt mir im April die Ehre,
im Winter Raben, Rauch und Reifgeschmeide,
und niemals Menschen, keine Grande Misère,
nichts, nichts von unserm ewigen Seelenleide.
Ich bin allein. Was einzig ich begehre?
Grast ihr für euch, und mir lasst meine Weide.

DETLEV VON LILIENCRON

LEBENSREGEL

Wenn dir's vergönnt je, dann richt es so ein,
dass dir ein Spaziergang das Leben soll sein!
Stets schaue und sammle,
knapp nippe vom Wein,
mach unterwegs auch Bekanntschaften fein,
des Abends kehr selig bei dir wieder ein
und schlaf in den Himmel, den offnen, hinein!

CARL SPITZWEG

Wer die ganze Nacht schläft,
hat am Tage Anspruch auf ein wenig Ruhe.

AUS KUBA

AM RUHIGEN FLUSS
IST DAS UFER
VOLLER BLUMEN.

AUS CHINA

Die Ruhe, die der Geist

genießt,

wenn er

sich selbst gemäß leben darf,

ist das einzig wahre, unzerstörbare Glück.

MALWIDA VON MEYSENBUG

Die tiefe Ruhe ist die

Bewegung in sich selbst.

LAOTSE

Kehr *in dich* still zurück,
ruh in dir selber aus,
so fühlst du das höchste Glück.

FRIEDRICH RÜCKERT